Poesie – Perlen

Schätze aus dem Garten der Poesie

Band 1

Widmung

Ich widme diesen ersten Band allen Mitgliedern des
Forums, die seit 2006 mit ihren Werken, ihrer
Leidenschaft, ihrer Ausstrahlung den Garten der
Poesie getragen haben.
Ich gedenke mit dieser Widmung auch unseren
verstorbenen Mitgliedern, die ein fester Bestandteil
unseres Forums waren und immer ein Teil unserer
Gemeinschaft bleiben werden.

Bernd Rosarius   September 2013

Internationales Literatur- und Künstlerforum
-Garten der Poesie-
Aufgaben und Ziele des Forums

Der Garten der Poesie wurde im Jahr 2006 ins Leben
gerufen. Gründer Bernd Rosarius hat sich zur Aufgabe
gestellt künstlerisch veranlagten Menschen ein Forum zu
bieten, damit sie sich dort mit anderen austauschen und
sich in der Gemeinschaft weiter entwickeln können.
Derzeit besteht das Forum aus ca. 80 Mitgliedern aus acht
Ländern. Die Mitglieder präsentieren sich und ihre Werke
im Internet. Manche treffen sich regelmäßig bei Events
und Lesungen, wo eigene und Gemeinschaftsarbeiten
vorgestellt werden. Die Veranstaltungen des Gartens der
Poesie sind frei zugänglich. Das Forum schafft für den
Einzelnen eine Möglichkeit eigene Werke zu präsentieren,
selbst wenn es nur ein oder zwei Arbeiten sind. Die Breite
der Werke reicht von Gedichten und Kurzgeschichten über
Malerei und Fotografien bis hin zu Liedern und
Musikstücken. Dieses führt auch zu einer Bereicherung des
kulturellen, gesellschaftlichen Lebens.

Bibliografische Information der Deutschen Nationalbibliothek:
Die Deutsche Nationalbibliothek verzeichnet diese Publikation in der Deutschen National-bibliografie; detaillierte bibliografische Daten sind im Internet über http://dnb.dnb.de abruf-bar.

Titelgrafik im Buch: **Camaela Regine Stahl**
Herstellung und Verlag: BoD – Books on Demand Norderstedt

ISBN: 978-3-7322-7931-9

Was ist die Perle der Woche?

Unsere Mitglieder stellen täglich verschiedene künstlerische Werke ins Forum, um Gäste und Mitglieder an ihren kreativen Arbeiten teilnehmen zu lassen.
Es handelt sich dabei um Gedichte, Geschichten, Fotos, Fotogedichte, Bilder und vertonte Texte. Die ganze Bandbreite künstlerischen Schaffens ist hier vertreten. Es gibt Werke, die für unsere Mitglieder einen besonderen, hohen Stellenwert haben. Dieses eine ausgesuchte Werk wird jede Woche neu und abwechselnd von einem der Mitglieder ausgewählt und dem Administrator des Forums mitgeteilt, der dieses dann als die **Perle der Woche** für die jeweils kommende Woche ins Forum einstellt."
Alle Mitglieder können nun die Perle der Woche kommentieren und sich eine Woche an dieser herausragenden Arbeit erfreuen, bis eine Woche später die neue Perle eingestellt wird.
Es gibt nur eine Perle pro Woche.
In diesem Heft möchten wir Ihnen nun von 15 Wochen diese 15 erlesenen Perlen präsentieren.
Jede Perle der Woche ist bedeutungsvoll und ist ein Meilenstein in der Geschichte unseres Gartens der Poesie oder ist eine blühende Rose in einem Meer von wunderschönen Blumen. Aus den Heften 1-3 entstand nun dieser erste Band.

© Bernd Rosarius

Poesie-Perlen

Schätze aus dem Garten der Poesie

Inhalt

Dein Stern

Habe einen Stern nach dir benannt
den ich gestern am Firmament fand
er leuchtet nur für dich
<u>Ewiglich</u>

Trau dich und schaue
dir ein Hoffnungsbild baue
deinen Kummer einfach aussiebe
weil ich dich so sehr
<u>liebe</u>

Mit jedem neuen Tag wird er heller
die Zeit vergeht immer schneller
ich zeige dir mein wahres
<u>ich</u>

Gefüllt mit meinen Träumen
wird er es nicht versäumen
auf Glückswolken zu tragen
<u>dich</u>

© by Frank Laser

Zarte Knospen

Ich gehe durch meinen Garten wie ein kleines Kind
und zärtlich streichelt mich der Frühlingswind.

Auf dem Weg da sehe ich Weidekätzchen liegen
und im erblühten Kirschbaum tollen sich die
Bienen.

Alles sprießt und Knospen strecken sich dem Licht
entgegen
ich halte inne und im Verweilen spüre ich Deinen
Segen.

Wie alles entsprungen und erschaffen durch Deine
Hand
ich berühre eine aufbrechende Knospe mit all
meinem Verstand.

Himmelsgleich erscheint mir all das Blühen und ich
ertrinke im Sonnenlicht.
Was geboren, wird bald sterben, doch die zarten
Knospen die vergess ich nicht.

© Christine Bücker

Spinnennetz

Die Spinnenfrau

Hauchzart spinnt sie ihre Weben,
süßlich und verheißungsvoll.
Hoffnungslos bleibst Du dran kleben,
sie vernascht Dich, Zoll für Zoll.

Sie umgarnt Dich, lässt Dich hoffen,
lockt Dich in ihr Paradies,
lässt bewusst das Ende offen
und Du folgst ihr ins Verlies.

Sie betört Dich, gibt Versprechen,
lullt Dich unaufhörlich ein.
Wird Dir Deinen Willen brechen-
bald schon wirst Du Beute sein.

Haucht Dir Küsse, zeigt Begehren,
wirft ihr Netz schon nach Dir aus.
Du kannst Dich nicht mehr erwehren,
hier kommst Du nicht lebend raus.

Riech ein letztes Mal am Leben
denn Du fühlst jetzt ganz genau,
hier musst Du Dich gleich ergeben,
dies hier ist die Spinnenfrau.

Text:(c) Lizzy Tewordt
Bild:(c) Karin Blomberg

Die Pusteblume

Nun Samen fliegt im Wind
sucht einen neuen Ort
erfreut ein jedes Kind
und pflanzt euch weiter fort.
Im nächsten Frühjahr dann
auf Wiesen nah und fern
strahlt ihr uns leuchtend an
das Auge sieht es gern.
Danach der Flaum wie Seide
der Kreislauf fängt neu an
ihr seid die Augenweide
wir freuen uns daran.

© Monika Schneider

Manchmal....

Manchmal, verlier ich mich,
laufe völlig konfus herum,
schwelge in Erinnerungen.
Eins meiner Augen lacht,
beim Anderen kullert eine Träne heraus.
Seh mir unsere alten Photos an,
bin mit gemischten Gefühlen dabei,
vermisse ich Dich und bin froh, dass Du weg
bist,
verwirrender Weise im gleichen Moment.
Würde Dir gern schreiben, hat keinen Zweck,
das wäre wieder einmal ein Brief, von vielen an
Dich, der nie zu Ende geschrieben würde.
Habe grad den Telefonhörer wieder einmal
zurückgelegt, denn ich weiß, werde deine Nummer
doch nicht wählen,
denn vielleicht wäre es dann doch so,
dass wir noch miteinander reden könnten,
zusammen lachen würden, uns immer noch
verstehn, hab Angst, ich könnt dann nicht mehr
gehen,
oder Du ließest das dann nicht mehr zu,
bin mir sicher, einem von uns Beiden tut`s weh.
Manchmal würd ich gern die Zeit zurück-
drehen,
alles mit Dir nochmal erleben,
vielleicht könnte ich das "Heute" besser verstehen.
© By Frank Laser

Chatterfreundschaft

Ich bin sehr oft im Internet.
Ich rede viel, in meinem Chat.

Freunde habe ich zu Hauf.
Bin ich nicht dort, fällt es nicht auf.

Jeder Freund ein Name nur,
ein bunter Text im Monitor.

Kein Freund, der immer zu mir steht.
Der den Weg mit mir gemeinsam geht.

Niemand, der mich ganz fest hält
wenn meine Welt zusammenfällt.

Ich möchte nicht mehr einsam sein.
Doch ohne Strom bin ich allein.

© Michael Jörchel

Das Tränendherz

Das Tränendherz - es weint heut nicht,
streckt zaghaft sich ins Sonnenlicht
und zeigt - dass vielleicht irgendwann,
es wieder Hoffnung geben kann.

© Monika Schneider

<u>Sein</u>

Und wieder diesen Schein gewahrt
und wieder nicht das Sein gewagt;
da sind Riegel vor den Herzen,
damit die Liebe keiner spürt,
da sind Mauern um die Seelen,
damit die Narben keiner sieht.
Oh, öffnet Tür'n und Tore,
legt Riegel ab, reißt Mauern ein
und lasset Liebe strömen,
befreit von Sehnsucht scheues Sein.

© Eleonore Görges

Wenn alle Blumen schweigen

Und wenn alle Blumen schweigen,
weil man sie band in ein Gebet,
kein Wind mehr tanzt im Reigen,
weil's Stundenglas für immer steht,
dann murmelt auch der Bach nicht mehr -
und Vogelseelen fliegen
dem letzten Lied noch hinterher,
denn nun wird nur geschwiegen.
Und wenn die Sonne in den Horizont
heut taucht in dunkler Farb',
der Mond in schwarzen Sternen thront,
weil alles Licht erstarb,
dann lachst du auch kein Lachen mehr,
dein Mund wird nicht mehr küssen,
erwachen wirst nun nimmermehr,
wirst ewig schlafen müssen.

© Eleonore Görges

Sonntagmorgen

Im Auto sitzend schaue ich auf das große dunkle
Kreuz auf dem Kirchendach. Wie jeden Sonntag.
Doch heute, je länger ich es betrachte, um so
führender wird meine Erinnerung. Es verändert
sich langsam in ein altes verwittertes Holzkreuz.
Auf dem in ausgewaschener Schrift zu lesen steht:
Agnes Hofmann
1878 bis 1954
Ruhe in Frieden
Eine lange Reihe schwarzgekleideter Trauender,
säumt das geöffnete Grab, um den letzten Gruß zu
entbieten. Jeder murmelt etwas, wirft etwas in die
Grabstelle, was ich nicht zu verstehen oder
erkennen vermag.
In kleinen Schritten folge ich dem aufrückenden
Vordermann.
Knapp 7 Jahre alt, verliere ich mich nicht nur
wegen meiner geringen Größe, sondern auch, weil
ich alleine in der Reihe gehe.
Meine Eltern haben das Grab schon Richtung
Friedhofausgang passiert.
Niemand weiß und kümmert sich um meine
Gefühlswelt. Fragen, um eventuellen Trost spenden
zu können, gab es nicht.
So gingen meine Gedanken eigene unvorbereitete
Wege.
Verständnislos betrachte ich die Menschen. Irritiert
von den wenigen und leise geraunten Worten. Nie
zuvor war ich auf einer Beerdigung.

Und das sollte auch für viele Jahre die letzte sein.

Meine Oma wurde heute zum Grab getragen.

Umzusetzen, was es für mich bedeutet, vermochte ich trotz meiner Versuche nicht.

Sie war nicht mehr da.

Als ich dann, wie so oft zu ihr gegangen bin, ist das Haus verlassen und leer. Verschlossen ist das kleine Häuschen.

Verloren versuche ich, in eines der zu hoch liegenden Fenster zu sehen. Endlich gelingt es mir von einem nahe stehenden

Apfelbaum in das Innere zu sehen. Es sieht alles so friedlich und aufgeräumt aus.

Fremde, unbekannte Gefühle ließen mich in Etappen weinen und leise nach meiner Oma rufen.

Sie fehlte mir schon nach nur wenigen Tagen.

Mit ihr reden wollte ich. Sie fragen, was ich für Gefühle habe. War mir die Trauer doch fremd. Als mein Meerschweinchen starb, sagte meine Mutter, ich dürfe trauern. Trauern und weinen?

Aber das war ganz anders. Mama streichelte mich, mehr abwesend auf dem Weg zur nächsten Aufgabe.

Oma war ganz anders. Sie nahm mich in den Arm, fragte mich, was mich bekümmert und beim Erzählen konnte ich mich ganz eng ankuscheln.

Plötzlich war alles weg und ich, ich musste dann auch dringend weg. Was Oma stets zu lustigen Bemerkungen verleitete.

Sie hat sich immer die Zeit genommen, gefragt und erklärt, damit ich auf andere Gedanken kam.

Nun konnte ich die Graböffnung schon sehen.
Zwei noch, Onkel und Tante, in das offene Grab
konnte ich jetzt fast sehen.
Oh, wie tief, dachte ich, als ich direkt davor stand,
um dann den braunen Sarg zu betrachten.
Ich konnte mich nicht rühren. Habe, glaube ich,
auch nicht mehr geatmet.
Was sollte das, Blumen lagen auf dem Grabdeckel
und daneben. Aber warum haben die Sand auf die
Blumen und Omas Sarg geworfen? Warum machen
die das? Ich habe hoch gesehen zu meinem neben
mir stehenden Onkel: „Onkel Günther, warum
schmeißt ihr da Sand drauf? Das wird alles
schmutzig. Man kann die Blumen und die schönen
goldenen Ecken gar nicht mehr sehen."
Beruhigend sprach er mit mir. Nahm meine Hand
und die Schaufel und ich warf gegen meinen Willen
ebenfalls.
Plötzlich die Erkenntnis, Oma wird vergraben. Das
große Loch wird zugeschüttet. Mich losreißen
wollte ich mich, in das Grab und sie wieder
ausgraben. Wehrhaft, nicht festgehalten zu werden,
ergab ich mich letztendlich meinem Onkel und
trottete wortlos Richtung Kapelle neben ihm her.
Es gab keine Erklärungen. Auch nicht ohne
Ankuscheln.
Ich weinte nie mehr wegen meiner Oma. Der
vergrabene unverarbeitete Schmerz veränderte
mich. Was ich viel später erfahren habe.

Nur selten noch habe ich geweint. Auch
Schmerzen haben selten zu diesen Ausbrüchen
geführt.
Das verwitterte Kreuz sehe ich nur
verschwommen, Tränen stehen in meinen Augen.
Dann verschwindet es.
Nach den vielen Bildern gerade, besehe ich noch
eine Weile gedankenverloren die Kirche.
Es ist Zeit, hineinzugehen.

© harry reinert

Behutsam

Der Himmel öffnet seine Sonnenfenster
und wo Gewölk noch gestern still verharrte
da schält sich heute aus dem schleiergrau
manch lichtgetränkter Augenblick
der echozart mein Wesen streichelt
behutsam leg ich ab die alte Haut
im Wandel schwängert sich die Luft
ich atme mild
den Neubeginn.

© Edeltrud Wisser

Ehrlicher Glaube ?

Wie ehrlich ist der Glaube an Gott
wenn wir gleichzeitig
seine Schöpfung mit Füßen treten
und zerstören
somit sein Werk
sei es der Mensch
sei es die Natur
nicht respektieren?

© Michael Jörchel

Der Fischer

Auf einer Insel, nicht weitab vom Land,
stand, voller Verzweiflung, ein Fischer am
Strand.
Geschickt löst' das Boot er vom sicheren Tau.
Er sorgte sich sehr um die schwerkranke Frau.
Ein Fieber ließ sie seit Tagen nicht ruh'n.
Er musste jetzt handeln, das Richtige tun.
Zum Doktor, aufs Festland, in kürzester Zeit,
der Weg über's Wasser war nicht allzu weit.
Dunkelheit legte die Hand auf das Meer,
der Himmel voll Wolken, drohend und schwer.
Es kümmerte wenig den liebenden Mann,
er trat seine Überfahrt hoffnungsvoll an.
Mit tränenden Augen nahm er den Stab
und stieß damit kraftvoll vom Ufer sich ab.
Auf einmal sah er im Nass ein Gesicht,
das sanft zu ihm sprach, in feurigem Licht:
„Kehr lieber um, es droht dir Gefahr,
ein Sturm zieht herauf, nimmst du ihn wahr? "
Schon drang übers Meer ein Windstoß heran
und rüttelte wild an dem hölzernen Kahn.
„Allmächtiger Himmel, lass mich nur zieh'n,
ich werde ganz sicher der Hölle entflieh'n.
Ich brauche schnell Hilfe, du weißt es genau,
es wartet der Tod bereits auf meine Frau."
Das Rufen des Fischers verschluckte das Meer,
warf in blinder Wut das Boot hin und her.
Der Himmel riss auf mit grollendem Weh,
gespenstisches Leuchten umgab nun die See.

„Sagt nur, warum wird der Weg mir verwehrt,
ich kann's nicht verstehen, was mach ich verkehrt?"
Aus dunkelster Tiefe jetzt drang an sein Ohr,
die Stimme des Todes, so kam es ihm vor:
„Du törichter Narr, schweig' endlich still,
ich werde dir sagen warum ich dies' will.
Es ist schon zu spät, sie gehört nun zu mir,
noch in dieser Nacht entreiß ich sie dir."
Im tobenden Wasser die Stimme erklang.
Des Fischers Herz stockte, sekundenlang.
Im gleichen Moment ergoss sich viel Nass
und peitschte das Meer in unbändigem Hass.
Bald schlugen die Wellen hinein in das Boot
und brachten dem Hilflosen Schrecken und Not.
„Fürst dunklen Reiches, hör meinen Schrei,
hab doch Erbarmen, lass mich doch frei!"
Erneut sprach die Stimme voll Spott, voller Hohn,
in düsterem, unheimlich klingenden Ton:
„Willst du sie retten, die Liebste dein,
dann spring in die Arme des Meeres hinein."
Es drängten die Mächte den Fischer alsbald
und zogen und zerrten mit großer Gewalt.
Höllisches Lachen, vermischt mit der Flut:
„Erbärmlicher Wurm, fehlt dir der Mut?"
Das Boot wollte kentern, er ließ es nicht los,
auf gieriger Lauer, der Meeresschoß.
Der Kahn, in Schlingen von teuflischem Tang,
tanzte nach Klängen des Sturmwindgesang'.
Dämonischer Kampf auf hungrigem Meer.

Was es sich nimmt, ist ohn' Wiederkehr.
Himmel und Hölle lagen im Streit.
Wer würde siegen im Kampf um die Zeit?
„Herrscher der Hölle, versuche mich nicht!
Verdammt du doch bist vom himmlisch' Ge-
richt.
Ich gebe nicht auf, solang ich's vermag."
Drauf - ohrenbetäubender Donnerschlag.
Der Fischer, entsetzt, erstarrt war sein Blut,
im gleichen Moment ergriff ihn die Flut.
Er rang um sein Leben - es fehlte nicht viel,
sah nah schon das Ufer, das rettende Ziel.
Ganz plötzlich verstummte des Unwetters
Zorn.
Da sah er sie stehen, im Sande, weit vorn.
Sie trug noch ihr Nachtkleid und auf ihrem
Haar
ein' Kranz bunter Blumen – wie schön sie doch
war.
Vom Himmel her strahlte geheimnisvoll' Licht,
engelsgleich schien ihm ihr lieblich' Gesicht.
Sie tanzte und lachte, winkte ihm zu.
Er trat aus dem Wasser, war bei ihr im Nu.
Am anderen Morgen, weit draußen am Strand,
fand man den Fischer - tot - im Sand

© Anette Esposito

Lügen

Deine Augen logen nie
sie waren klar und rein
mit Worten warst du ein Genie
meintest ja und sagtest nein
Dein Herz war warm und voller Liebe
doch dein "Verstand" bog alles um
erst spät verstand ich deine "Triebe"
warum nur warst du wohl so dumm?
Geschworen hattest du "nie wieder"
gehalten hast du's leider nicht
war dir das Leben nur zuwider?
Warum logst du mir ins Gesicht?
Die Drogen raubten dir dein Herz
vielleicht auch deine Seele
uns ließt du übrig nur den Schmerz
schnürtest zu unsere Kehle
Ich hoffe sehr, du hast verstanden
dass Kokain dich träge macht
denn Träume können so nie landen
weil Teufel sich ins Fäustchen lacht
Vielleicht kannst du heut sein wie du
der, der du gewesen bist
der Liebe ausstrahlt immerzu
ich glaube dran, dass es so ist...

© Camaela Regine Stahl

Schwere Zeiten

Die Seele atmete tief seufzend durch. Sie konnte das Leid ihres Menschen, in dem sie wohnte kaum noch mit ansehen… und dennoch wusste sie, dass diese immer wiederkehrende Prüfungen sein mussten. „Es ist eine schwere Zeit für die Menschenkinder", sagte sie traurig zum noch traurigeren Herz, „ich hoffe, du hältst noch ein wenig durch, denn bald ist diese schwere Zeit vorbei…!"

„Natürlich halte ich durch… ich kann den Erfolg ja schon spüren! Um mich herum werden die Menschen immer offener und mitfühlender. Ich kann sie förmlich wachsen sehen", kicherte das Herz.

„Ja", sagte die Seele, „es ist trotz all des Kummers, den die Menschen ertragen müssen, wirklich schön, mit anzusehen, wie die Welt sich immer mehr zum Guten wandelt. Es geht langsam voran – und noch nicht alle sind bereit, diesen Wandel zu akzeptieren – aber immerhin haben viele Menschen verstanden, worum es im Leben geht.

„Um die Liebe?" fragte der Verstand etwas unsicher. Er hatte sich in letzter Zeit sehr zurückgehalten mit jedweden Einmischungen, denn er hatte eingesehen, dass sein Wissen nicht immer gefragt war.

Die Seele und das Herz sahen sich lächelnd an und sagten fast gleichzeitig:

„Sieh mal an, lieber Verstand, auch du hast es schon begriffen…!"

Trotzdem konnte er nicht umhin, für ihn ungeklärte Fragen zu stellen. Jetzt war eine gute Gelegenheit: „Ich frage euch: Wie kann aber die Liebe denn die Sorgen nehmen, die so mancher heutzutage hat? Manche Menschen wissen nicht, wie sie mit ihrem

Geld klar kommen sollen, manche sind so krank, dass sie sich vor dem Sterben fürchten, manche sind einfach nur einsam und allein. Was bitte kann die Liebe denn da ausrichten?"

„Ach - lieber Verstand", antwortete die Seele, „es ist auch wirklich nicht einfach zu verstehen. Die Liebe kann so vieles. Du darfst die Liebe nur nicht ausschließlich im Zusammenhang mit einer Partnerschaft zwischen zwei Menschen

sehen! Zur Liebe gehört auch immer Vertrauen. Wenn das Vertrauen fehlt, dann verkümmert irgendwann auch die Liebe.

Die Liebe zum SEIN, zum Universum, zur Schöpfung, zu Gott – wie auch immer du es bezeichnen willst – kann sehr viel bewirken, wenn das Vertrauen da ist."

„Das ist mir zu hoch", grübelte der Verstand „man soll Vertrauen in die Liebe haben – oder was?"

Die Seele lächelte. „Man soll Vertrauen in alles haben. Die Menschenkinder haben es noch nicht alle verstanden, weil man es nicht lernen, sondern nur erfahren kann:

Wenn ein Mensch darauf vertraut, dass alles für ihn gut wird und das Schlechte in seinem Leben auch gut für etwas ist, wenn er trotz allem sein Leben liebt und sich nicht schrecken lässt von den momentanen Umständen, dann WIRD auch alles gut für ihn. Wenn er auch das liebt, was gerade nicht so toll für ihn ist, dann verschwindet es von ganz allein."

„Ach ja?" Der Verstand wurde hellhörig. „Wenn sich also ein Mensch z.B. stets darüber ärgert, dass er kein Geld hat, dann soll er diesen Zustand lieben und schon ist er reich?"

„Nein, mein lieber Verstand, das ist wieder typisch dein DENKEN", erwiderte die Seele schnell. „So einfach ist das natürlich nicht! Der Mensch soll sich und sein Leben lieben und annehmen, wie es gerade jetzt ist, er soll sich nicht gegen die Umstände wehren, sondern sie zulassen. Und er soll Vertrauen darin haben, dass, so wie es ist, es gerade richtig für ihn ist. Er soll sein Leben fließen lassen, wie das Wasser fließt."

„Wie das Wasser?" fragte der Verstand ungläubig. „Wie soll er das denn machen?"

„Na ganz einfach", mischte sich das Herz ein, „stell dir einen Fluss vor, er fließt immer ins Meer, er lässt sich dabei durch nichts aufhalten. Ein Baumstamm legt sich ihm in den Weg, er ignoriert ihn und fließt drum herum. Er gelangt IMMER zum Ziel. So sollte der Mensch es auch machen – die Schwierigkeiten als das sehen was sie sind: ein Hindernis, dass man umgehen oder wegräumen kann."

„Ich glaube, jetzt habe ich es einigermaßen begriffen", murmelte der Verstand,

„mit anderen Worten: der Mensch soll sich keine Gedanken um die Vergangenheit oder die Zukunft machen, sondern alles laufen lassen und darauf vertrauen, dass er zum Meer …äh Ziel kommt!"
„Ganz genau, mein Lieber", freute sich die Seele. Der Verstand war immer so lernbereit. „…und du kannst dem Menschen sogar dabei helfen!" Verschmitzt lächelte sie ihn an.
„Ja?
Sag mir bitte wie, denn ich möchte unbedingt auch dazu beitragen, dass es dem Menschen richtig gut geht!"
„Ganz einfach", mischte sich das Herz erneut ein und die Seele ließ es gern gewähren.
„Wenn der Mensch zweifelt und nicht mehr auf mich hören will, dann hört er doch immer auf dich! Du brauchst ihm nur einen ganz einfachen Satz zu sagen:
Hör auf dein Herz und vertraue dem Fluss des Lebens…!"

© Camaela Regine Stahl

Poesie-Perlen

Schätze aus dem Garten der Poesie

Inhalt

Vergessen

In stillen Stunden, die wir heimlich stehlen,
vergessen wir und gern ein Stückchen Zeit.
Wie guter Sekt, der prickelt in den Kehlen,
fließt heiß das Blut in uns, zu viel' bereit.

Ganz zärtlich hältst du mein Gesicht in Händen.
Dein Blick verrät mir, was dein Herz entfacht.
Die Uhr steht still, als wollt sie nicht beenden
den Augenblick, den Zauber dieser Nacht.

Ich spüre deinen Atem mich berühren.
Ein warmer Hauch, nur sacht auf meiner Haut.
Von deinen Lippen lasse ich mich führen
in eine Welt, die man nur liebend schaut.

Mit Zärtlichkeit gesegnet deine Hände.
Erkundend wandern sie zu meinem Schoß
und mein Erzittern spürt nicht kalte Wände,
erwartungsvoll, bereit, bedingungslos.

Schon bald erfüllst du jenes stumme Bitten
und eng umschlungen tanzen wir den Blues.
Die Zeit ist reif und weiter fortgeschritten,
vereint uns sanft im Sehnen nach Genuss.

Und als sich meine Lippen deinen beugen
erfasst ein Strom uns beide, trägt uns fort.
Die Nacht ist dunkel, selbst die Lichter schweigen.
Nur Du und Ich - vergessen scheint der Ort.

© Anette Esposito

Ohne Sinn

Geh bitte.
Ist schon in Ordnung- geh einfach.
Nein, du musst nichts wegräumen-ich mach das
schon.
Ich werde die vielen Kerzen auslöschen,
das Kaminholz niederbrennen lassen,
die Erdbeeren zudecken und in den Kühlschrank
stellen,
den Champagner wieder in den Keller bringen,
die Vorhänge zurückziehen,
die Musik ausstellen
und das Badewasser mit dem
sündhaft teuren Rosenöl ablaufen lassen.
Es hat eben nicht sollen sein-

schade-ein Abend ohne Sinn.

© Lizzy Tewordt

Die Flaschenpost

Wie immer im Urlaub an der See, ließ ich den Tag mit einem Spaziergang am Strand ausklingen.
Diese Blaue Stunde, kurz vor Sonnenuntergang, genieße ich stets besonders intensiv.
So auch an diesem Tag.
Der Strand war schon verwaist, das fast meditativ wirkende Geräusch der anrollenden Wellen untermalte die einkehrende Ruhe. Nur vereinzelt hörte man noch den Schrei einer Möwe.
Die meisten der Seevögel saßen schon müde auf den Buhnen und hatten ihre Köpfe in die Federn gesteckt.
Die rot glühende Sonne senkte sich bereits tief dem Meeresspiegel entgegen und es war, als würden sich goldene Lavaströme ins Wasser ergießen.
Das Farbenspiel des Himmels mit seinen fast kitschigen Rosé- und Lilatönen veränderte sich ständig und wurde nur von letzten kleinen Federwölkchen unterbrochen.
Ich zog meine Schuhe aus, ging barfuß durch den noch immer warmen Sand hinunter ans Meer und genoss das angenehme Gefühl des meine Füße umspülenden Wassers. Plötzlich spürte mein rechter Fuß einen Widerstand und ich entdeckte eine zur Hälfte noch im feuchten Sand steckende kleine Flasche. Als ich sie aufhob, konnte ich in ihrem Inneren einen zusammengerollten Zettel erkennen. Die Flasche selbst war sorgfältig mit einem Korken verschlossen und sogar zusätzlich versiegelt. Wie

geheimnisvoll, ja abenteuerlich – ich hatte ganz offensichtlich eine Flaschenpost gefunden!

Ich platzte fast vor Neugier, konnte es kaum erwarten, mehr über den Inhalt zu erfahren und machte mich mit meinem Schatz schnell auf den Heimweg.

Ungeduldig brach ich das Siegel. Mit Hilfe einer Stricknadel angelte ich vorsichtig das Papierröllchen heraus und staunte nicht schlecht.

Es war eine Botschaft! - „SUCH MIT MIR DEN SINN DES LEBENS" - stand da in schön geschwungenen Buchstaben zu lesen.

Ich fühlte mich seltsam berührt, hatte das berühmte Gänsehautgefühl und rätselte.

Wer mag wohl der Schreiber oder die Schreiberin sein? Was hat dazu bewogen, diese Flaschenpost auf Reisen zu schicken? Welchen Empfänger wollte man damit erreichen? An welcher Stelle war die Flasche wohl ins Meer geworfen worden, wie lange war sie durch die Wellen geschaukelt, bis sie anlandete?

Diese Fragen beschäftigten mich den ganzen Abend und ließen mich lange nicht einschlafen.

Am nächsten Morgen erwachte ich sehr früh.

Mein erster Gedanke galt – wie zu erwarten – natürlich meinem geheimnisvollen Schatz.

Erneut zog es mich an den Strand.

Der Tag versprach sehr schön zu werden. Keine Wolke befleckte das strahlende Blau des Himmels. Sinnend wanderten meine Blicke weit hinaus über das Meer, bis dorthin, wo Horizont und Wasser sich vereinen.

Als ich nach geraumer Zeit den Strand weiter entlang schlenderte, kam mir eine Frau entgegen.

Ihr Blick war voll konzentriert auf den Boden gerichtet. Ab und zu bückte sie sich, um gleich darauf etwas in einem kleinen Beutel zu verstauen. Offensichtlich sammelte sie Muscheln oder Hühnergötter.

Im Vorbeigehen nickte sie mir freundlich zu.

Könnte sie vielleicht die geheimnisvolle Schreiberin der Flaschenpost sein und war sie nicht nur auf Muschelsuche, sondern auch auf der Suche nach dem wahren Sinn des Lebens?

Gedankenverloren ging ich weiter. Am Rand der Dünen saß ein junger Mann, vor ihm stand eine Staffelei. Zweifelsfrei war er damit beschäftigt, das wunderbare Licht des frühen Morgens in einem Stimmungsbild einzufangen.

Auch er könnte der große Unbekannte sein, grübelte ich, setzte mich ein Stück von ihm entfernt in den Sand und ließ meinen Gedanken weiterhin freien Lauf. Dankbar genoss ich das Geschenk dieser schönen Morgenstunde. Tiefe Ruhe breitete sich in mir aus.

Plötzlich kam mir die Erkenntnis. Egal, von wem auch immer die Botschaft war, der Schreiber wollte, dass sich der Finder mit der Sinnsuche und den Menschen auseinander setzt. Ja, bei mir hat er dieses Ziel tatsächlich erreicht. Seine Worte haben S p u r e n in meiner Seele hinterlassen.

Mit der von mir gefundenen Erkenntnis ergänzte ich den Zettel mit meiner Botschaft:

„HABE DEN SINN GESUCHT UND GE-
FUNDEN! - WER MACHT NOCH MIT! ? - "
Dann steckte ich ihn wieder in die Flasche, ver-
schloss sie ganz fest, lief zurück ans Meer und
schickte die wichtige Botschaft erneut auf Reisen.
Wen habe i c h wohl erreicht? Konnte auch ich
Spuren legen und zu mehr Mitmenschlichkeit an-
regen?

© Gerhild Decker

Die Muschelperlen

Es war an einem Sommerabend,
die Hitze glühte, heiß die Luft.
Sie lag in seinen starken Armen,
ihr Kopf ruht sanft an seiner Brust.

Lachfältchen zieren ihre Augen
und seine Hände gleiten sacht
und streicheln ihre weichen Haare,
ein Seufzen küsst sich in die Nacht.

Ein leichter Wind berührt die Körper,
sie liebten sich im warmen Sand,
von Ferne rauschen Meereswogen
und spülten Muscheln an den Strand.

Die öffneten sacht ihre Schalen
und fingen dieses Seufzen ein
und betteten auf perlmutt Laken
das Glück des Augenblicks hinein.

Am Morgen, als das Paar erwachte,
die Sonne wob ihr rotes Band,
da hielten sie zwei weiße Perlen
als Treuezeichen in der Hand.

© Sabine Nebenthal

Vorbild

Lange hinterher gelaufen,
Idolen, Idealen, Vorbildern.
Wie immer sie auch genannt werden.
Diese Helden,
denen wir nacheifern,
um so zu werden wie sie.
Ich wollte auch so sein
wie Dieser aus dem Buch
oder auch wie Jener aus dem Film.
So ein Held.
Von Jedem bewundert,
und von Allen begehrt.
Doch stets war ich enttäuscht,
wenn mir das Schicksal
ein anderes Drehbuch geschrieben hat.
Ohne Hoffnung,
mit gewohnt gesenktem Haupt
zog ich mich zurück.
Doch als ich zufällig einmal
den Blick nach vorne wagte,
habe ich ihn gefunden.
Diesen Menschen,
dessen Leben ich leben möchte.
Er stand direkt vor mir.
Diese Erkenntnis
ließ mich nach langer Zeit wieder lächeln
und mein Spiegelbild lächelte, entspannt, zurück.

© Michael Jörchel

Vergiss es nicht

Vergiss nicht zu lieben
den Augenblick das Jetzt
alles was dir geblieben
auf eine Karte gesetzt.

Vergiss nicht zu träumen
suche dir dafür Raum
Vögel sitzen auf Bäumen
leb auch du deinen Traum.

Vergiss nicht zu schauen
auf alles, was geschieht
du hast doch Gottvertrauen
in dessen Hände alles liegt.

Vergiss nicht Neues zu wagen
sei deiner dir stets gewiss
wenn auch an manch Tagen
keiner an deiner Seite ist.

Vergiss nicht zu hoffen
glaube an der Liebe Kraft
hast sie doch getroffen
und Vieles schon geschafft.

Vergiss nicht den Mut
vertrau deinem Gespür
und was dir gut tut
sei dankbar dafür.

Vergiss nicht die Liebe
mit all ihren Seiten
teil aus keine Hiebe
lass dich nicht verleiten.

Vergiss nicht zu danken
für Brot und für Wein
komm nicht ins Wanken
du bist nicht allein.

Vergiss nicht das Handeln
versuche du selbst zu sein
Manches wird sich wandeln
trügt auch erst der Schein.

Vergiss nicht dein Begehren
du bist es um die es geht
musst dich eben wehren
wenn man dich missversteht.

Vergiss nicht zu verzeihen
was geschehen ist vorbei
Neues wir sicher gedeihen
komm sei auch du dabei.

© Christine Bücker

Der gute Freund

Die Sonne schließt ihr Augenpaar
und leis, mit inniger Gebärde
legt sie ihr kupferrotes Haar
sacht auf das Stundenglas der Erde

in Dunkelstille naht die Nacht
kriecht über Gipfel, Häuser, Matten
geheimnisvoll, mit starker Macht
löst sich der Mond aus Wolkenschatten

blickt goldumspielt auf diese Welt
mit Krateraugen, die durchdringen
in seinen Zauberdunst gesellt
sich wundersames Atemringen

stumm öffnet er, in Wohlgestalt
sperrangelweit, und traumversponnen
auf seiner Bahn, mit Pracht bemalt
das Fantasientor der Wonnen

sein bleiches pralles Angesicht
weckt Leidenschaft, wühlt auf, tränkt Herzen
entwirrt Gespinst, gibt klare Sicht
lenkt hin zum Alltagsschutt ausmerzen

er ist Gutfreund, der zugewandt
den Kümmernissen, Freuden, Hoffen
begleitet lautlos Leben, Land
mit einem Schutzschirm der stets offen

zieht schläfrig er das Morgenlos
senkt würdevoll sein Haupt er nieder
nimmt Träume mit, in seinem Schoß
schließt einfühlsam die Augenlider

©Edeltrud Wisser

Nur um da zu sein

Warst du schon mal irgendwo---
Nur um da zu sein?
Ich war da, bei ihm
Er fühlte es, war nicht allein
Doch er sah mich nicht.
Er reagierte nicht,
Lag einfach da,
War so weit weg
und doch so nah.
Er schaute mit erloschenem Blick
wohin?
In sein Innerstes zurück?
Was fühlt ein Mensch jetzt schon?
Nichts,
denn er hat Parkinson
im Endstadion,
heißt es schlicht
Er merkt es nicht
Wartet auf den Tod
Nein, er hat keine Atemnot.
Doch
Die Sonde ernährt ihn
Noch…

-C-
Eveline Dächer

(Gedanken bei meiner Arbeit im Hospiz)

Morgenstimmung

Und über den Nebeln da schweiget
gar mancher Traum, der geträumt
und aus den Nebeln da steiget
gar manche Lieb, die versäumt.

Verlorener Kampf einer Nacht,
Stille schwebt noch in den Zweigen,
bevor der Tag lichterfüllend erwacht
und bricht das nächtliche Schweigen.

© Eleonore Görges

Ein Funke

Es tut gut
wenn wir in Zeiten der Finsternis
einen Funken gefunden haben,
der uns wärmt,
der für uns leuchtet,
uns einige strahlende Momente schenkt
damit wir nicht endgültig
von der Dunkelheit verschlungen werden
und unseren Kontakt zum Licht verlieren.

© Michael Jörchel

Goldener Oktober ...

... den wünsche ich uns allen !
© Monika Schneider

Spinne im Netz

Ich glaub ich spinne

Mitten in der Nacht
hab ich dies Foto gemacht
ein Kunstwerk als Foto zu erlangen
und dann noch den Künstler einzufangen
seh ich als besonderes Glück an
und staunte, was man doch mitten in der Nacht
für tolle Fotos machen kann

©Eveline Dächer

Neuanfang

Ich stehe an einem Abzweig meines Lebens.
Bereit,
den beleuchteten, asphaltierten Weg
zu verlassen.
Ein Weg, der vorbestimmt ist.
Bequem
und leicht zu begehen.
Ein Weg, hell beleuchtet
ohne Hindernisse und Biegungen.
Ein Weg, der vorhersehbar ist,
aber nicht glücklich macht.
Ich wende mich dem anderen Weg zu.
Verwildert,
überwuchert von Wenn's und Aber's,
scheinbar undurchdringlich.
Ein Weg, der unüberschaubar ist.
Voller Zweifel und Hindernisse,
steinig und risikoreich.
Ein finsterer Weg,
dessen Ziel nur in meinem Kopf
zu existieren scheint.
Ich weiß nicht,
Wohin mich der Weg führen wird.
Aber ganz gleich,
ob ich strahlende Gipfel erklimme,
in tiefe Schluchten stürze
oder

auf dem Boden der Existenz
herumkriechen werde.

Ich werde mich diesem Leben stellen.
Denn einen Weg,
der keine Herausforderungen mehr bietet,
bequem ist,
mich aber nicht zufrieden stellt,
den möchte ich nicht gehen.

© Michael Jörchel

Die Spinne lässt „das Mausen" nicht

© Karin Blomberg

Ein letztes mal

Es ist, als würden Sommertage noch ein letztes mal
der Erde ihre Ehre geben.
Noch einmal schmeicheln die kleinen Blümelein
meinen Augen.
Noch einmal nimmt mich ein lauer Wind in seine
Arme.
bevor die Herbststürme ihr Recht fordern.
Und mein Herz weiß nicht, was es fühlen soll.

© S. Nebenthal

Poesie-Perlen

Schätze aus dem Garten der Poesie

Inhalt

Leuchtturm in der Brandung

© Karl Hiller

Poesie des Leides

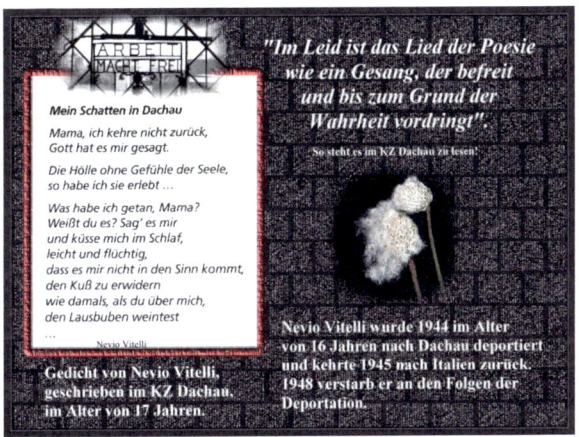

Wir waren vor zwei Tagen in der KZ-Gedenkstätte Dachau. Ein Besuch, der emotional sehr berührt. Ein kleiner Abschnitt im Museum ist der Poesie im Lager gewidmet, wobei kein Lagerinsasse schreiben durfte. Jedes geschriebene Wort war untersagt, dem Autor drohte gar der Tod dafür! Und doch entstanden dort Gedichte und Verse, die sehr berühren. Eines davon habe ich fotografiert und möchte es euch hier in einer Bildbearbeitung zeigen. Es stammt von dem 17jährigen (!!!) Nevio Vitelli, soweit bekannt ist, ist es das einzige Gedicht von ihm.

© Eleonore Görges

Die Musik kennt kein Schweigen

Ich sehe dich vor mir in Gedanken
du sitzt da und spielst Klavier.
Deine Musik kennt keine Schranken
es ist als trägst du sie zu mir.
So lausche ich deinen Klängen
und sacht berührst du mein Herz.
Deine Musik ist frei von Zwängen
sie nimmt mir Angst und Schmerz.
Du spielt dir die Finger wund
es ist als ob es dich befreit.
Deine Musik erzählt Geschichten
von Trauer und Glück und Leid.
In Gedanken bin ich dir so nah
umhüllt von leisem Schweigen.
Deine Musik ist so wunderbar
ich will mich tief verneigen.
Fast verstummt sehe ich zu dir
und wiege mich in dieser Stille.
Deine Musik trägt dich zu mir
so ist es wohl dein eigner Wille.
Du stehst einfach vor der Tür
ich traue meinen Augen nicht.
Deine Musik sei der Grund dafür
sagst du mir lachend ins Gesicht.
Völlig verdutzt sag ich komm rein
schön dass du mich gefunden hast.
Deine Musik lässt Niemand allein
sie befreit dich von mancher Last.

Worte purzeln aus mir heraus
freu mich so dich hier zu sehn.
Deine Musik ertönt im ganzen Haus
und die Zeit scheint stillzustehn.
Ich will dir doch so viel sagen
jetzt ist dafür endlich Raum.
Deine Musik wird sicher fragen
ist es Realität oder nur ein Traum.

© Christine Bücker

Wie Kerzen im Wind

Der Tag schreibt November, den Morgen in
Grau,
auf Wegen liegt sterbendes Bunt.
Schon kriecht auf den Wiesen die Dämm'rung
im Tau
und neblige Wolken bedecken das Blau.
In Müdigkeit wiegt sich die Stund'.
Die kleine Kapelle steht einsam am Rain,
wacht stumm über friedvolle Ruh.
Tief unter der Erde liegt kaltes Gebein
in Betten aus morschem Gehölz und Gestein
und Mooskissen decken es zu.
Erinnerung webt an vergangener Spur,
befestigt den Faden am Grab.
Zum Sterben geboren wird jede Natur
und über den Gründen, auf Täler und Flur,
senkt schweigend sich Trauer herab.
Gebunden sind Kränze aus Zweigen der Tann'.
Geschmückt steht der Sarg mit dem Kind.
Vereinzelte Tränen durchbrechen den Bann.
Wie plötzlich doch alles verändern sich kann.
Erloschen sind Kerzen im Wind.

© Anette Esposito

<u>Ein Jahresrückblick</u>
<u>über den Garten der Poesie</u>

Titel

Frühling

Sommer

Manch Blume gedeiht recht beständig,
bewegt sich im Wind sehr lebendig,
doch das kleine Pflänzchen daneben
kann eben mal so überleben.

Herbst

Ein Garten kann nur recht gedeihen,
wenn Hände sich fassen in Reihen,
dann tritt Farbe und Fülle ins Licht,
zeigt ein bunt-schöpferisches Gesicht.

Winter

Blüten werden vom Winde verstreut,
zur Seelen, Herzen und Augen Freud,
und Samen fliegt hinaus in die Welt,
weil dieser Garten gut ist bestellt.

Gemeinschaftsarbeit von:
© Karin Blomberg
© Monika Schneider
© Eleonore Görges

<u>Winter Impressionen : Alles im Fluss</u>

© Monika Schneider

Wiegenlied

… und ein Gedanke wiegt den anderen;
im Herzen wärmend eingebettet.
Hör sie summend mit mir wandern -
durch Türen, die das Leben öffnet.
So schreite ich von Raum zu Raum;
in mir, was mich warm beseelt.
In dunklen Winkeln seh' ich kaum
und fühle wie die Angst mitgeht.
Doch ein Gedanke wiegt den anderen …
- Lichter leuchten durch mein Herz -
so werde ich auch weiterwandern
mit Wärme, die mich tragen lässt.

© Monika Hoesch

Sternschnuppen

Sternenelfen tanzen Reigen -
umhüllt von zauberhaftem Glanz.
Märchenträume aufwärts steigen,
sie fangen sich im Strahlenkranz.
Dreh´n die Elfen sich sehr schnell,
fallen Schnuppen auf die Welt,
glitzernd schön und leuchtend hell
aus dem hohen Himmelszelt.
Wenn wir Menschen sie erspäh´n,
glauben wir ganz allgemein,
dass Wünsche in Erfüllung geh´n,
vor allem solche, die geheim.
Der Komet war schon zu seh´n,
als ein strahlend helles Licht -
über´m Stall von Bethlehem
sah er sich stark in der Pflicht.
Sieht heute man den langen Schweif,
für einen kurzen Augenblick,
vermittelt es uns Freude live,
sind dankbar für den Hauch von Glück.

© Gerhild Decker

Was wird sein?

Wir sind nicht geschaffen,
so Großem zu begegnen, wie der Zeit.
Doch uns're Uhren raffen
Momente in die Ewigkeit.
Wie Rituale geh'n die Jahre,
manches lauter, manches lind.
Noch gestern war das einzig Wahre,
was wir morgen nicht mehr sind.
Ja, so trägt sich unser Denken
weit in die Zukunft ein
und vermag nicht fortzulenken,
was wir waren. Was wird sein?

© Kai van Lier

Heidelandschaft

© Ilse Reese

Nicht unsere Zeit…

Text und Musik Hellmut Frey

Du sagst, du brauchst ein neues Leben
und du brauchst eine andere Welt
und ich könnte dir nichts mehr geben,
wenn du es sagst, dann wird es wohl so sein
wenn du es sagst, dann wir es wohl so sein.
Refr.:
Nein, es war nicht unsre Zeit
und unsre Trennung tut mir leid,
und von Sehnsucht nur getrieben,
Kann ich die Liebe nicht besiegen.
All das, was dich an mich band,
zerrissen scheint das Band.
Meine Liebe zu dir blieb allein,
wenn du es sagst, dann wird es wohl so sein
wenn du es sagst, dann wird es wohl so sein.
Refr.:
Alles was einmal gut war,
scheint heute nichts mehr zu sein.
Du sagst, du musst dich verändern
wenn du es sagst, dann wird es wohl so sein
wenn du es sagst, dann wird es wohl so sein.
Refr.:
Du sagst, es ist nicht die Frage,
und die Dinge sind einfach geschehen
und deshalb müsstest du gehn
wenn du es sagst, dann wird es wohl so sein
wenn du es sagst, dann wird es wohl so sein.

Refr.:
Vielleicht und nach vielen Jahren,
fällt dir mein Name noch mal ein,
vielleicht wirst du dich dann fragen,
musste das damals wohl so sein,
musste die Trennung wirklich sein?
Refr.:

© Hellmut Frey

Farbtupfer

© Edeltrud Wisser

Die Zaubernuss

Die erste Blüte fand ich heut', ich habe mich daran erfreut.
Gern möchte ich sie teilen.
Der Winter hatte keine Macht, sie kam, ganz heimlich, über Nacht.
Lädt ein nun, zum Verweilen.

© Monika Schneider

Schattenflucht

Sie hat nur die nötigsten Sachen eingepackt ,
fluchtartig hat die das gemeinsame Haus verlassen, ohne sich nur einmal umzudrehen, steigt
sie in den Bus zum Flughafen, über ihrem Ge-
sicht laufen Tränen, doch diesmal sind es
Tränen der Erleichterung und der Freude, endlich frei, endlich hat sie ihn geschafft, den
Sprung in ein neues Leben ?
Ihr gesamter Körper schmerzt von den vielen
Tritten und Schlägen, ein Auge ist komplett zu-
geschwollen, doch das andere sieht klarer und
weiter als je zuvor.
Immer noch liegt ihr der Alkoholgeruch in der
Nase, der beißende Geruch von Schweiß und
Hass.
Gerade fragt sie sich, was schlimmer war, die
Prügel, die sie nun schon so viele Jahre kennt
oder die immer anschließend kommenden,
unter Tränen und Selbstmitleid erklingenden
Entschuldigungen.
Als sie zum Flughafenschalter geht, spürt sie
ihn immer noch im Schritt, brutal und rück-
sichtslos hatte er sie wieder genommen, ihr
lautes Schreien und Weinen hatte er mit seinem
sarkastischen Lachen übertönt.
„Wohin soll es denn gehen „?" Die freundliche
Dame vom Schalter schaut sie besorgt an.

„Egal wohin, Hauptsache weit weg und bitte nur einen Hinflug", sagt die junge Frau mit verbissenem Mund und sichtlich Mühe, aufkommende Tränen zu unterdrücken.

„Sind Sie auf der Flucht, wer hat Sie denn bloß so zugerichtet, was ist geschehen?"

„Er ist ein Teufel, ohne Gefühl, ohne Gnade, ich weiß nicht mehr, wie ich es überhaupt so lange aushalten konnte, ich will einfach nur weit, weit weg.

„Ich kann Sie gut verstehen…doch wenn Sie jetzt gehen, dann hat er gewonnen, nein so dürfen Sie nicht gehen, sein Schatten wird Sie sonst für immer begleiten ihr Leben lang, nein lassen Sie ihn nicht so davonkommen."

„Was soll ich denn tun ?" fragt die junge Frau verzweifelt und unter Tränen, „er ist so groß und stark, wie soll ich mich denn wehren?"

Auf einmal schaut ihr die Dame vom Flughafenschalter tief in die Augen, ihr freundliches Gesicht wird ganz ernst und hart.

„Schnappen Sie sich zu Hause den nächsten Gegenstand, der Ihnen in die Hände fällt und jagen Sie ihn aus dem Haus, das sind Sie sich selber schuldig, nur so klappt es,

sonst werden Sie ihn nie los."

Langsam krempelt die Dame vom Schalter ihre Ärmel hoch, auf ihren Unterarmen sieht man viele verblassende Narben .

„Sehen Sie, hier und auf noch so vielen Stellen hat er früher seine Zigaretten ausgedrückt………

nun, er hat bekommen, was er verdiente…“.
Plötzlich lächelte die Dame vom Schalter….“
und ich auch.“

Alsdann wendete sich die Dame vom Schalter
von der jungen Frau ab und widmete sich dem
nächsten Kunden zu, ohne sie noch einmal anzusehen.

Perplex und von ihren Gefühlen hin und her
gerissen, ist die junge Frau dann zur nächsten
Flughafenbar und hat gegen ihre Gewohnheit
erst mal ein paar harte Cocktails getrunken .
Anschließend ist sie dann mit dem Taxi zurück
zum gemeinsamen Haus gefahren.

Was dann geschah….an Vieles erinnert sie sich
nur noch lückenhaft.

Sie sitzt in ihrem gemütlichen Haus am See, die
Kinder müssten gleich aus der Schule kommen,
überall riecht es nach dem leckeren Essen, was
sie gerade gekocht hat, ihr jetziger neuer und
liebevoller Ehemann wird in etwa drei Stunden
von der Arbeit kommen, voller innerer Freude
und trunken vor Glück betrachtet sie den
schönen Strauß Rosen, den er ihr erst gestern
mitgebracht hat.

Mit friedvollem und seligem Blick schaut sie auf
den Baseballschläger, der an der Wand hängt,
schaut auf die goldenen Buchstaben, die auf
weißer Seide geschrieben stehen und direkt
darunter angebracht sind:

© Frank Laser

Begreif es doch

Nicht nur um dich dreht sich die Welt,
um die Sonne dreht sie sich,
du bist ein Wicht, der jeden quält,
solang du denkst, es gibt nur dich.
Begreif es doch !
Du bist nicht Mittelpunkt der Erde,
auf alle strahlt das Sonnenlicht,
du gehörst zu einer Herde,
wie die Strophe zum Gedicht.
Begreif es doch ...
und ändre dich, wenn´s geht, sofort,
vielleicht wirst du ein großer Held,
wenn du den Hochmut wirfst von Bord
und merkst, dass auch der Andre zählt.

© H. Rehmann

Band 2 erscheint 2014

Weitere Produkte aus dem Garten der Poesie

Anthologie: „Seelenzauber"
Printausgabe

„Seelenzauber"
E-Book

Gedanken fliegen sich frei
Anthologie

CD-Tagträume